Couverture inférieure manquante

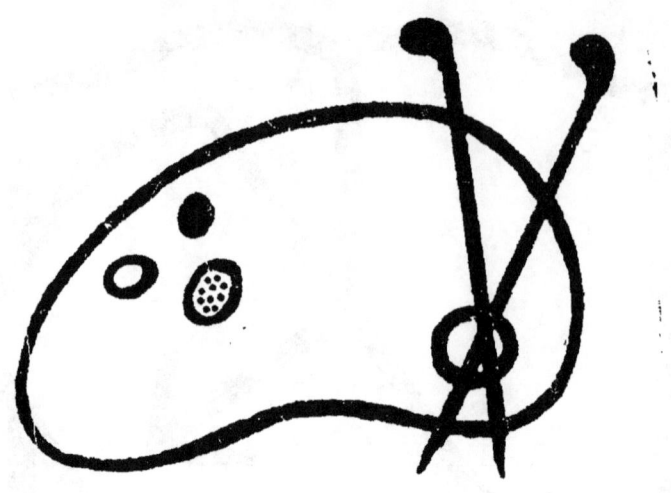

Original en couleur
NF Z 43-120-8

Joseph-Fabien MOUGENOT

HUGO
ET LES DÉCADENTS
(1830-1890)

Pulsate et aperietur vobis.

QUELCONQUE ÉDITION

PARIS
LE "CHAT NOIR", ÉDITEUR
12, Rue de Laval, 12

1889

HUGO

ET LES DÉCADENTS

Joseph-Fabien MOUGENOT

HUGO
ET LES DÉCADENTS
(1830-1890)

Pulsate et aperietur vobis.

QUELCONQUE ÉDITION

PARIS
LE "CHAT NOIR", ÉDITEUR
12, Rue de Laval, 12

1889

Du Même :

Pour paraître :

PIANOS ET MUSETTES, Poésie à clef indépendante, sans préface d'auteur arrivé. Prix...................... **1 fr.** »

AMOURS ET AMOUR, Nouvelle. (Notations psychologique et esthétique d'un adolescent). Prix............ » »

On souscrit chez l'auteur, à Signes (Var).

A Madame A. M...

Maman,

Aux heures virginales de ma vie, je descends dans le Jardin des Racines Françaises. J'y cueille mon premier dahlia bleu. Je vous l'offre : vos pleurs de joie seront pour lui la rosée régénératrice.

Peut-être eussiez-vous mieux aimé quelque frêle bouquet d'hiatus d'où le parfum d'une âme s'exhalât ?... L'Amour s'est dégagé de l'Art depuis que Dieu s'est dégagé du Ciel.

Aussi, ce matin, aux heures virginales, je descends en pensée dans la maison qui me tient au cœur là-bas. Je place sous les

MOUCHOIRS QUE VOUS BRODEZ POUR MA FÊTE, CE PREMIER RIRE FIGÉ DE DÉSILLUSION, AVEC LEQUEL SE COMMENCE LA VIE MODERNE RIGOUREUSEMENT TRISTE.

De ma Chambre, 1888.

J. M.

LIONS ET TOUTOUS

Victor Hugo

I.

.... Il est évident qu'en l'an 1888, il y a, selon M. Faguet, autant de duperie à s'indigner qu'à s'attendrir. Au moins à se livrer.

Ceci n'est donc pas une critique littéraire. Avec les mêmes arguments on peut sophistiquer à perte de patience sur le *pour* et le *contre* de toutes les choses et de toutes les causes. « Il faut être honnête homme et douter » dit Mérimée.

Ceci n'est pas davantage une critique scientifique comme l'entend Jean Lahor. C'est une affirmation — non pas de croyances, nul n'en montre — mais de brimborions d'idées qui ont oublié de s'inspirer des causes psychologiques et des effets sociologiques.

Au surplus, il est des concepts aventuriers qui ne sauraient souffrir la discussion : on les conçoit de prime jet ou on les répudie sans ambage, et il n'y a plus là de quoi faire de grands bras.....

II.

Le 26 février 1802, Besançon, qui a donné à la France Mairet, Gentil-Bernard, Fourier, Proudhon, Nodier, Droz..., voyait naître un petit être tout de guingois, enfanté entre deux batailles, qui avait nom Victor, baron Hugo.

Ce siècle avait deux ans, Rome remplaçait Sparte

On sait sa jeunesse. Sa vie aux Feuillantines, tandis que son père traquait Fra Diavolo dans les Abruzzes. Son amour de dix ans à Bayonne. Son séjour au pays de Galaor. Cette révélation de son génie qui lui faisait écrire : Je veux être Chateaubriand ou rien. Sa préparation à l'école polytechnique. Son éducation chrétienne et royaliste, de sa mère vendéenne.

Mon père vieux soldat, ma mère vendéenne

De cette éducation il gardera le suc et jettera l'écorce après avoir passé par toutes les opinions, après avoir donné à tous un chant convaincu, après avoir fait le jour dans son âme comme le Marius des " Misérables " où il s'est peint dans ses phases de credos. Car les esprits vulgaires seuls peuvent être invariables et tout à trac dans leurs idées politiques, religieuses ou philosophiques. Et c'est à cette constance qu'ils doivent leur réussite. Ils ne voient qu'un côté des choses, s'y attachent comme l'arapède au roc, et ont le triple bonheur d'avoir une conviction, d'en tirer la force de la faire triompher, et de lui devoir leur fortune.

A quinze ans, Hugo était salué par l'Académie ; il était baptisé « enfant sublime » chez madame Récamier ; et la renommée aux cent bouches d'égoût publiait son nom à Montmartre, tant il est vrai qu'on devine la beauté du jour à celle de l'aurore. Aussi les " Odes " en 1822, puis les " Ballades " ressuscitées, puis " Bug-Jargal ", puis " Han d'Islande " reçurent un accueil inespéré de critiques.

Bug fut fait en quinze jours, à la suite d'un pari. Cet épisode de la révolte de Saint-Domingue paraît être le colin-maillard d'un génie qui s'épanchait pour se mieux connaître. Han ne se trouvait créé et mis au monde que pour appeler, avec les coups de plume classiques, l'attention du public sur celui qui eut foi toujours en son étoile. Puis,

> L'œil bleu des innocents voit des bêtes énormes.

On pressentit que de ces germes quelque chose allait éclore qui balafrerait, par dessus le pont des Arts, les trois unités et la poétique d'Horace.

Les Fontanes, les Chênedollé, les Lemercier, les Lancival, tous ces argonautes sans lanterne qui n'avaient pas pu ou pas voulu trouver le romantisme ; tous ces pindares officiels qui avaient réintégré le vers à douze pattes aligné par Napoléon pêle-mêle avec ses grenadiers ; tous ces Anitus et Mélitus littéraires se dressèrent sur leurs ergots, la férule de Boileau au poing dextre, la charte des us et coutumes à senestre, et comme un pulk sur une arrière-garde, fondirent sur le porte-gonfanon du Cénacle et sa bohême à cheveux vrillés et casqués.

On sait quels orages éclatèrent alors entre ces Guelfes et ces Gibelins de l'hémistiche, dans l'ample ciel de cristal de la Restauration.

> « Avec impunité les Hugo font des vers, »

disait le même Népomucène qui écrivit de la

main gauche l'" Atlantide ", épopée où se démènent dru *Phosphore, Calorique, Gravitation* et autres bourdes du même acabit.

Ce fut un bien. La lutte grandit. On reprochait au " Cid " d'être un plagiat. " Horace " vint de quelques lignes de Tite-Live. On reprochait à Hugo l'âpreté de son style :

« Où, ô Hugo ! huchera-t-on ton nom ?...
« Quand, à ce corps qu'Académie on nomme
« Grimperas-tu, de roc en roc, rare homme ?...

Hugo fit " Notre-Dame ". Le coryphée se tint coi. Plus d'un, en lisant ce chef-d'œuvre de pierres coulées en phrases, dut se remémorer ce vers de " Rolland ", à moins qu'il ne se le remémorât pas :

« Margaris, quel baron... s'il était chrétien »

III.

Notre-Dame ! livre d'ordre gothique à châpiteau composite. Au-dessus de l'érudition archéologique plane à jamais ce carillon de la *symphonie des cloches* aussi connu qu'un secret d'Etat. Au-dessous, tout le Moyen-Age a condensé en quelques jours sa vie de nombreux ans.

Banville recherche un jour la fine fouille d'un caractère, voit passer Louis XI et dit : c'est ça. Avant de ciseler " Miarka " Richepin a hanté la bande à Clopin Trouillefou et il a vu la fille à l'ourse, gracile comme une vierge de Raphaël, belle comme une Vénus du Titien, debout sur le pilori comme un symbole de charité sur un piedestal de justice. Les modernistes qui font fi du sentimentalisme indélicatement intime, se repaissent de la passion d'un prêtre austère comme ceux de Zurbaran et en tirent ou un nouvel argument contre le célibat ecclésiastique, ou cette déduction optimiste que toute fatalité est œuvre d'hommes dévoyés.

Remarquons cette singularité : une chèvre héroïne ; cette antithèse : Quasimodo et la ESméralda. Relevons dans la bouche de Gringoire le mot *mignard* qui en 1482 n'y a pas droit d'asile. Admirons le délicieusement fantaisiste chassez-croisez de Quasimodo, la Sméralda et Châteaupers qui fait pressentir les " Marrons du feu " et ne laisse pas que de rappeler " Andromaque " ; Quasimodo devient le Pylade de Frollo, un Pylade qui aime plus qu'à son tour Hermione Une âme de séraphin dans un corps chaviré était le condiment obligé au romantisme de ce chef-d'œuvre qui subsistera sur les autres : Cela tuera Ceci.

Spiritus flat ubi vult! Vous n'allez pas m'obliger à vous copier du latin, j'espère. Lebrun avait déjà commis quelques strophes dans ce style anacréontique...

Anacréon, poète aux ondes érotiques !...

... où le mot tient lieu de pensée, le coloris tient place de sujet. Hugo, en 1829, donne les " Orientales " On s'attend à trouver là une toile du Véronèse, — un minaret en turban avec garniture d'auréole rouge ; — et c'est du bruit pétrifié qui se remue, le bruit des alhambras mauresques et des mosquées de Bagdad, avec, pour vous empêcher de voir au fond, le miroitement des ors de Golconde.

Tout ce que le poète-bambino a pris au ciel des Sierras, « car l'Espagne c'est encore l'Orient, » ajouté à ce qu'il en sait par les hérauts de crédence, il l'exhale en une cascatelle de sons et un fouillis d'effets de mirage.

Généralement on se représente l'Orient avec deux mots : mollesse et lasciveté ; et ce sont des combats qui agitent le livre. Le croquis dévale par contrastes :

De grands angles de mur par la lune blanchis
Coupaient l'ombre.

Quand la peinture suinte, elle n'est pas délimitée, elle est aussi conventionnelle que les roucoulements sur Philis, les bergers et les bois ; les mots y sont, l'effet de chaud manque. *Grenade* est l'échantillon de ce faire. On va voir se grandir dans le vers la ville qui rebuta Ferdinand : vient l'énumération de toutes les autres villes flanquées de leur monument typique. Le monument de Grenade c'est l'Alhambra. Le poète va vous y faire entrer entre deux syllabes : il l'apostrophe. En vers superbes il est vrai. Jamais, comme dans cette œuvre, Hugo ne s'est révélé ciseleur et imagiste :

> Ton sabre large et nu semble en ta main **grandir**
> Des dieux d'airain **posant** leurs mains sur leurs genoux.

Voilà qui vaut « le geste auguste du semeur » tant cité. La rime polit le geste sculptural que le vers esquisse.

IV.

Ce pourtant la nouvelle école affranchie manquait de Charte. Louis Ulbach nous a conté qu'ils étaient bien quelques-uns comme ça qui buvaient l'ambroisie aux lèvres du Grand Maître, qui allaient en Incroyables assister au troisième échec d' " Hernani " après que son auteur avait loué toute la salle comme Lulli fit pour " Armide " Mais la province littéraire qui commence, comme mon portier le sait, aux buttes Chaumont et finit à Saint-Pétersbourg, la province regardait et ne voyait rien poudroyer. Hugo lança " Cromwell. "

La pièce est pastichée de Shakspeare, à une époque où Byron va écrire d'outre-tombe les " Contes d'Espagne " de Musset. Elle est l'accessoire de la préface qui recèle le mot d'ordre de la doctrine romantique.

Klopstock veut le rythme sans rime et échoue dans sa " Messiade " comme avaient échoué déjà Pétrarque et Rapin. Hugo veut la rime sans rythme et réussit dans ce que vous voudrez.

Il n'est créateur que de forme. Rousseau surtout avec les " Confessions," Bernardin surtout avec les " Etudes de la nature, " Madame de Staël surtout avec l' " Allemagne, " Chateaubriand (1) surtout avec " Atala " ont été les créateurs du fond, autrement dit de la couleur locale.

Extension des licences au bénéfice de la rime, demi-substitution d'un réalisme avouable à une fiction impraticable dans ce siècle sceptique,

---

(1) *René* étant imité de *Werther* ainsi que l'*Obermann* de Sénancour, le *Jacopo Ortiz* d'Ugo Foscolo..

novation de l'Orient et rénovation du Moyen-Age fait antiquité *par horreur des voies frayées* ce qui est logique deux siècles après 1635, telles sont les grandes arêtes.

Outrez le premier principe, vous avez les parnassiens ; outrez le second, vous avez les réalistes ; outrez le troisième, vous avez les décadents.

Un siècle procède d'un génie. Voilà pourquoi ce génie vivra jusqu'en Idaméel le dernier homme et Sémida la dernière femme.

V.

Bénévole lectrice et tes amies qui sont légion, vous avez au tréfonds de vous-mêmes un benjamin de mot qui, à chaque bouchée de vos discours nombreux, revient comme vos cheveux sur vos soupes. Ce mot peut être la définition même de certains esprits.

A preuve que le mot de Fénelon est *aimable*, de Bossuet *grand*, de Villemain *ingénieux*, d'Hoffmann *fantastique*, de Balzac *piriforme*, d'Alphonse Karr *véhément* qui se lit à chaque page de " Sous les Tilleuls " où il est de mise, de Zola *débandade*, de Renan *nonobstant* vrai vocable de sabordeur quand même. Le mot de Victor Hugo est *étrange* — un qualificatif — ce qui ne paraîtra nullement étrange alentour.

———

Etrange avec usure, en effet, ce « Scott enchassé dans Homère » avec un cadre allemand; ce chercheur et ce trouveur partout, en tout, sur tout de l'antithèse qui est en lui, qui est lui, lui sanguin, tout d'un bloc, bourgeois jusqu'aux confins des cils dans la vie usuelle, dans ses rancunes, dans son immodestie, dans l'immodestie de sa modestie, et nerveux, poète invraisemblable, novateur quotidien, tous les matins de cinq à onze ; lui, cet esprit supérieur qui idéalise le vulgaire, ce qui nous a valu les épiciers de Coppée ; lui, cet esthète du vrai théâtral qui enfle des caractères pris dans le détail pour leur faire symboliser une passion ou une époque ; lui, ce fantaisiste dans la conception qui, dès qu'il tortille le rondel badin, transfigure Trilby en Paillasse. Faisant de l'antithèse une œuvre posthume ; car il savait bien ce parrain et ce père d'un siècle désormais avachi, que l'Europe lui ferait des funérailles comme n'en aura mie mon cousin le roi, et que, seul au milieu du cortège doré sur tranches, le corbillard des pauvres et de Lamennais serait une flagrante antithèse s'il le voulait : il le voulut.

Avec cela, d'une imagination prolixe. Il a parlé dans toutes les fois et dans toutes les langues, moins à coups d'idées se répandant qu'à coups de mots ; démontrant ce qui est incontesté et imageant à perpétuité ce qui est démontré.

Il saisit sa plume d'oie. Son cerveau se secoue lentement. Puis le mot appelle la phrase qui appelle la période qui appelle le chapitre. Le sang afflue aux lobes. La mémoire ouvre des parenthèses à hécatombes de noms indous et de faits à peu près. Le livre qui précède est indépendant de son collègue qui suit. Comme lui, un éclair l'a fait naître. A sa fin, un coup de virgule le sertit dans le sujet, ou du moins le racroche au cadre de l'œuvre.

Dans les dernières de ses œuvres, l'artiste devient mère, le plastique s'émeut. Souffrant lui-même, le poète accueille les souffrants comme Didon les compagnons d'Énée. Hugo descend dans la rue, entre dans le bouge, frotte sa redingotte à la misère ; mais Aréthuse se mêle à Alphée sans se corrompre. Ce sont des conseils sociaux qu'il sort de l'amas à défaut d'observation non faite ou non divulguée, puisqu'il condamnait le réalisme comme une indiscrétion criminelle. Là, il nous offre cet exemple encore de quelqu'un que n'ont entravé dans sa marche ni les courants d'enthousiasme, ni ceux de coups de pistolet dont le chef d'école tâta, comme le Léman se laissant partager par le Rhône et ne perdant rien de sa pâleur et de sa sérénité.

Les personnages du Grand Maître vivent mieux alors à travers sa cornée de presbyte : on voit les gestes, de loin. Les chants de la famille viennent mettre le *la* naturel dans les notes savamment orchestrées de ses incommensurables palingénésies. On en trouve des épaves dans les " Châtiments " et des éclats dans l' " Année Terrible ". Et à la fin de sa vie, lorsqu'une tranquille vieillesse couronne cette vie secouée comme les flots qui assiègent Jersey, dans le recueillement de l'homme qui se sent devenir Véda, le burineur de la " Légende, " revenant à sa thèse naturelle, écrit l' " Art d'être grand'père " qu'il pratique avec une proverbiale mansuétude.

VI.

Victor Hugo tient aux auteurs nerveux par ce fait qu'il use rarement d'un plan prémédité.

dans l'exécution. Une haleine étrangère lui apporte l'idée-mère : l'école descriptive le roman moderne, Shakspeare le drame, Lamartine l'Orient, M⁰ᵉ de Staël l'Allemagne, l'Allemagne le barbarisme, Gautier la coupe du vers. De là, il part en guerre par le chemin des écoliers, sans perdre de vue le but auquel il tend, si tant est que ce but atteint n'est pas la résultante des prémisses établies, si tant est au moins qu'il s'en propose un tout de suite en partant. Il ne trouve rien, mais il fait une révolution du rien qu'il emprunte. Si, il a trouvé la rime et l'enjambement parce que Voltaire et Dellile l'y ont forcé.

Que si l'on veut savoir ce que Hugo a donné au vers indépendamment de la rime de rubis, il lui a donné Hugo. Malavisé serait l'imitateur de ses périodes, de son rythme pontifical, de ses agencements de mots grondants ou sonores, de ses groupements de propositions incidentes parmi la principale sans que le sens du morceau en soit en rien dérangé. Ainsi les doigts d'un Litz chevauchent sur les touches d'ivoire, improvisent des trilles, des fioritures, des points d'orgue étrangers au canevas musical ; et vient une seule note qui trépide plus nourrie, qui nous rejette dans le mouvement, qui nous suscite la perception ténue de ne l'avoir point abandonné un instant.

C'est cette diffusion qui fait les idées de certains. Quand ils écrivent, ils pensent. Un auteur correct, un lapidaire contemporain doit penser le double de ce qu'il jette dans son moule tailladé. Un auteur incorrect pense moins qu'il ne fait penser. Hugo l'a dit lui-même :

L'œil du Dante profond voyait-il tout le Dante ?

———

Hugo a consacré des coupes devenues des richesse non pareilles. Les plus belles sont celles que la diction fait sans besoin de la ponctuation. Elles ne sont pas des parenthèses comme :

Chaque vague, **en passant**, d'un butin s'est chargée

Elles produisent peu l'enjambement qui détruit leur effet par l'audition d'un vers blanc complet.

La coupe en trois prolonge le vers et finit la phrase avec majesté :

Inclinerait | son cèdre altier | qu'un peuple adore.

Dans la coupe en quatre, cette tournure prud'hommesque vient souvent à la rescousse :

Être vainqueur | c'est peu ; | mais rester grand | c'est tout.
Toulon | c'est peu | Sédan | c'est mieux.

Ou ce sont deux chevilles :

Dieu, | **Juge patient,** | au temps, | **Tardif bourreau.**

Je compte dans " Toute la lyre " une coupe en cinq, ce qui tournerait à la mutilation si c'était continu, mais ce qui marque admirablement l'hésitation dans le cas en litige :

Soit ! | pensai-je, | avançons, | parlons ; | c'est l'instant d'être....

Une jolie coupe est celle qui se fait à la moitié ou à la quatrième syllabe du premier ou du second hémistiche. Exemples :

Je les hais, | mais surtout je les plains.

Luther s'en va ; | Voltaire alors prend le flambeau.

Et chacun se sentant mourir | on était seul.

J'entrais dans ma treizième année. | ô feuilles vertes !

En un mot, les vers sont toujours brisés agréablement quand les tronçons forment des vers entiers de trois, cinq, six, huit ou dix syllabes à la consonnance desquels nous sommes accoutumés.

Quand il joint l'enjambement qu'il a toujours

heureux à la coupe, Victor Hugo allonge indéfiniment son vers et le dramatise :

> Cromwell frappe un tyran : Charles. Il en reste un :
> Cromwel. L'atroce meurt, l'atrocité subsiste.
>
> Aimer, prier, c'est l'aube et c'est le soir de l'âme,
> Et c'est la même chose au fond : aimer la femme
> C'est prier Dieu. Pour elle on s'agenouille aussi.

Nous laisserons dans la *sombre pénombre* ces tournures dont le *borborygme horripile*, scories du plus pur métal :

> Tu me montres ta grâce immense
> Mêlée à ton immense horreur
>
> Et croire moins au prêtre et croire plus à Dieu.
>
> De ce hideux baiser de l'abîme au néant
> Qu'on nomme le chaos.

Je pense qu'elles ont été spirituellement parodiées, surtout par M. Paul Arène, et justement ; mais je me garderai comme d'une tuile de l'écrire.

VII.

Avoir la vie multiple qui permet à un rêveur d'agir son rêve au lieu d'en être consumé, c'est passer comme Hugo dans notre vallée de misères. Faire la biographie de l'homme, du chef d'école, du citoyen en lui, c'est voir ses œuvres sous leurs trois aspects. Sur le tout, le poète s'ente.

L'homme laisse tomber goutte à goutte cette poésie de l'enfance chantante comme le berceau, cette poésie de l'âme d'une profondeur troublé comme un Talmud. Dans cette dernière partie, le poète enfle de termes apocalyptiques une ombre de métaphysique issue d'Heidelberg. Qui donc, à ce propos, l'a comparé à un éléphant de baudruche ?....

Uni à cette Laure qui fit saigner un sonnet de gloire à d'Arvers, Hugo eut d'abord en partage la plus heureuse existence. C'était le temps du moulin à vent et de l'aventure du mouchoir de Madame Hugo. Dumas, son Damon ; Méry, l'esprit marseillais fait laideur ; Mürger ; Musset réconcilié ; Vigny frileux du succès de " Chatterton " ; Fontaney le femmophobe ; Nerval, Nouville et Philoxène ruinés pour la cause :

« Dans les salons de Philoxène
« Nous étions quatre-vingts rimeurs (1) »

et les oubliés, et les ignorés l'entouraient. Le

---

(1) Théodore de Banville (parodie de la *Galère capitane* des " Orientales ".

romantisme battait son fer chaud. Gœthe mourait, en 1833, à Strasbourg, suivant ligne à ligne cette littérature des forts *poitrinaires* qui le continuait. Uhlan, en Souabe, inaugurait son retour au Moyen-Age à l'instigation française ; il est vrai que ce mode tomba dans des divagations qui prendront fin avec Henri Heine.

Sous ces impressions heureuses furent données, en 1831, les " Feuilles d'automne, " chants reposés et doucement émus d'une émotion qui se répand sur tout, et mis en parallèle avec les " Méditations".

Quand le ciel toucha le poète dans ses affections, l'âme lui frappa au cœur. Il écrivit des cantiques : *A Villequier* ; grava en stances d'airain le nom de son père omis par le ciseau de Percier (1); besoigneux d'affections, jeta cet appel *A des oiseaux envolés* qui, lui brûlant des vers, en ont fait éclore de plus beaux, comme les abeilles d'Aristée.

Pendant ce temps, le chef d'école écrit ces drames hâtés et qui tombent au mélodrame

---

(1) « Mon père, disait Hugo, est le général dont le nom ne se trouve pas sur l'Arc de l'Etoile. »

savant avec "Angelo," "Marie Tudor" et "Borgia." Aussi en pleine effervescence romantique, aidé par Rachel, aidé par les étudiants vexés de voir Hugo reçu chez Louis-Philippe, Ponsard fait applaudir " Lucrèce " au lendemain de la chute des " Burgraves."

VIII.

Victor Hugo prend ses sujets dans l'histoire. Il ne la falsifie pas, comme Dumas : il l'imagine. Les rois sont relégués au second plan. Le héros est un bouffon, ou un valet, ou un brigand, ce qui est de l'anarchie en peinture pour les besoins de l'antithèse, et non pour cause politique. Inutile de dire que passent par dessus bord les *trois unités* déjà violées par Lemercier et gratuitement attribuées à Aristote qui n'en imposait que deux et qu'aux grecs de son temps. Ce sont Vauquelin, Boileau et d'Aubignac qui ont aidé à déparer le " Cid."

Hugo prend des faits abstraits de sublime et de grotesque, les transforme en principes et non en héros, les présente odieux et les fait pathétiques sans transition. Trois mobiles immuables comme sa gloire le poussent dans ses effets : la régénération de l'âme par un noble sentiment ; la symbolisation d'une époque — au lieu d'un caractère — en un drame ; l'emploi des antithèses morales, tout ce qui est sublime à son instant de pot-au-feu, tout ce qui est bas à son moment de grandeur. C'est à ce quart d'heure juste que l'auteur prend ses clichés. Et parcourez ses préfaces, vous y serez tombé de main de Cacus : il affirme qu'il cherche avant tout le naturel, et s'excuse — il est vrai — de n'avoir fait jamais une œuvre dans tout l'esprit qu'il l'a conçue. Heureusement.

Le théâtre, en effet, est tout convention, depuis les portants des coulisses jusqu'aux trois heures de représentation durant lesquelles ne pourraient être joués que des événements d'une durée de trois heures, et non même de vingt-quatre comme le veut le classissisme. Voilà pourquoi le naturel ici est un rêve des Goncourt ou une antithèse pas trouvée de Victor Hugo.

Le spectateur moderne né sceptique, et partant non sensitif, et partant critique, sait qu'un spectacle est rendu ou non favorable à la vertu d'après le bon plaisir du dramaturge. Il sait donc si bien qu'il va chercher un délassement conventionnel au théâtre que, comme l'a dit Diderot, « il laisse ses vices à la porte pour ne les reprendre qu'en sortant. »

Aussi est-on revenu de cette discussion biscornue assavoir si le théâtre est ou n'est pas moralisateur. D'abord l'Art n'a pas plus à frayer avec la morale que celle-ci avec les fourchettes à trois dents ; je crois même que c'est dans les ouvrages prétendus immoraux que l'on apprend à haïr le vice en s'en indignant et en le méprisant ; la Vénus de Milo est indécente sans cela. Ensuite une chose qui ne doit nous donner que des actions vraisemblables ou des peintures fidèles de mœurs et de caractères est à peine une arme pour la satire des travers et des ridicules, lesquels ne passent que pour être remplacés par d'autres.

Bien entendu, nous ne tenons compte dans ces appréciations que du spectateur lettré qui est aujourd'hui en majorité. Ce qu'on appelle la foule philistine n'a pas plus compris mot au drame romantique qui fut fait pour elle, qu'elle ne prenait goût à la tragédie. Pour elle, Lamartine l'a déclaré, il faudra sans cesse descendre dans le mélodrame, la prendre par le sentimentalisme, et ce ne sont pas les feuilletonistes de la rampe qui manquent pour cette tâche de journalier. Peut-être même y en a-t-il trop et trop eu de tous les temps : c'est le feuilletoniste que Platon voulait bannir de sa république. Peut-être que si l'on n'avait pas déformé précocement son goût, cette foule se serait laissée toucher par les seules beautés qui sont beautés, se serait laissée aller à l'habitude de réfléchir, de juger, de cultiver son esprit.

Or, c'est pour cette foule que Victor Hugo a prétendu écrire. Donc la morale serait nécessaire chez lui pour ceux-là qui regardent complaisamment couronner la vertu au cinquième acte, avec accompagnement d'apothéose et trémolos de violoncelles.

Eh bien ! cette morale est parfois naïve qu'on croit draconienne parce que le moindre vice est puni, celui de la bassesse courtisanesque de Triboulet par exemple. Car ce bon suborneur de François Ier s'en tire par un refrain, comme à une noce de village où chacun a son tour :

« Femme etc..... varie
« **Malin** est qui s'y fie ! »

De plus, la fille du bouffon est plus punie que lui, à moins que son âme n'aille à tire d'aile vers le ciel peint sous le réservoir d'eau, ce qu'on n'admet plus depuis la Confrérie de la Passion dans une salle de spectacle.

Au seul point de vue artistique, maintenant, l'odieux et le ridicule tant reprochés à Félix et à Prusias de Corneille sont incarnés dans Laffemas, Don Salluste et le Don.... dont le nom me fuit du domino noir d'" Hernani." L'intrigue tient quelquefois à un fil de la vierge ; si Lucrèce Borgia disait tout de suite à son fils: je suis ta mère ! le drame expirerait net. Enfin Ruy-Blas me semble un produit authentique de la métempsycose boudhique ; ce laquais qui du jour à la nuit connaît mieux qu'un premier ministre l'état du pays, a dû être — vers quelque 3000 ans avant J.-C. — le Joseph d'un Pharaon espagnol : il s'en souvient prodigieusement.

Mais à ne regarder que la forme qui fait toujours oublier le fond chez Hugo, combien ne sent-on pas la force de ce génie qui, contraint par ses propres règles, s'épanche dans la richesse du vers, dans l'effet des scènes juxtaposées, et nous amène à admirer un Don César en lui prêtant des scrupules chevaleresques, mais vraisemblables.

Une manière assurée d'admirer les pièces de Victor Hugo, c'est de les lire en tant qu'épopées. N'est-ce pas un souffle d'Odyssée qui passe alors en travers des " Burgraves " ? Et n'est-il pas admirable au très haut degré celui qui va réveiller sous le Kyffauser la grande ombre que les *niebelungen* avaient seuls chantée jusqu'ici, et la fait revivre grandiose — et lui mesurant la barbe !! — devant quatre générations déchues des barons de fer ?...

IX.

Coriolan s'en fut à Actium. Victor Hugo dont la tête était mise à prix se réfugia à Marine-Terrace.

Il avait commencé sa carrière civique et philanthropique par " Claude Gueux, " le " Dernier jour " et le procès du " Roi s'amuse, " et il s'écriait :

> Oh ! n'exilons personne, oh ! l'exil est impie.

L'exil lui dicta des chefs-d'œuvre. Car s'il y marche à l'aventure, ce n'est pas comme une âme désœuvrée, mais comme une âme excitée, neuve à la douleur, et propre plus qu'une autre à recevoir les impressions que lui donneront la mer, la nature et la nostalgie. Ainsi qu'Harald Harfagar, il voudra s'élancer quand il sentira passer sur sa tête un souffle du Pays. Il sera retenu par une loi éphémère. Puis par une conscience impitoyable ;

> S'il n'en reste que dix je serai le dixième,
> Et s'il n'en reste qu'un je serai celui-là.

Sa dernière évolution politique est arrivée. La république lui paraît ce qu'il y a de meilleur encore dans le relativement mauvais de tous les gouvernements, ou du moins de tous les gouvernants. Il y est venu un peu par pitié sociale, un peu par vanité d'y paraître. Que celui qui croit à la bonne foi politique lui jette sa pierre ! Il s'y tient parce que la bataille s'ouvre à nouveau, là, pour ce batailleur littéraire. Il s'y attache parce qu'il est persécuté et qu'il a goûté des applaudissements de la multitude

L'aime-t-il cette multitude ? A-t-il eu le temps d'aimer autrement qu'en écrit ? Y a-t-il dualité en lui comme dans les personnages de ses drames ? L'homme ne se sent-il pas très au-dessus de la foule, tandis que l'artiste s'apitoie, en imagination, sur ses calamités ?

Cette foule, chacun l'aime dans ses misères individuelles ; mais aucun n'est sincère qui prétend l'affectionner, la bonifier, la soulager, quand on la voit se payer de mots, répudier ses vrais amis, sourire à la médiocrité dorée ou dédorée, revendiquer sans respect et sans discernement. Un esprit réellement élevé peut prendre ses parts par condescendance et sans en espérer rien. Mais Hugo est un esprit bourgeois ; il l'aime pour la gloriole d'en être le Messie.

Au 2 décembre, son amour-propre de sectaire

a été fouetté ; après le 2 décembre, son amour-propre d'auteur a été froissé par le dédain apparent de Napoléon pour ses premières œuvres de polémique. Cette principale cause ajoutée à ses regrets, à ses douleurs, lui souffle une vengeance égoïste du tout au tout, où le cas du peuple n'a rien à démêler.

De plus, Hugo a fait cet empire qui le proscrit, de connivence innocente avec Béranger. Il se doit de le défaire. Il s'en pique. Il y met un point d'honneur. C'est une faute de jeunesse à réparer pour comparoir sans bosse à la cuirasse par devant la postérité.

La haine — le seul sentiment qu'il ait véritablement exprimé sans effort — jaillit alors suscitée par ces mobiles, jaillit impuissante... et d'autant ironique et superbement hérissée. *Facit indignatio versum !*

> ..... Bah ! le poète ! il est dans les nuages !.....
> Soit ! le tonnerre aussi.....

J'en sais qui dans toute l'œuvre de Victor Hugo n'admettent que les " Châtiments ". Même après avoir disséqué la contexture du vers moderne arrivé à son raffinement superlatif, les jeunes disent : là, il y a à glaner ferme ! Pour le fond, Juvénal a été égalé.

La satire tire sa virulence plus d'un amas de métaphores, de comparaisons, d'épithètes, que d'un ramassis d'idées. Il faut donc pour l'écrire outre mesure une imagination jamais à court. Or, c'est de Victor Hugo que nous parlons, s'il vous en souvient un brin.

J'imagine que l'homme qui naît haineux comme on naît rôtisseur a besoin de répits d'attendrissement.

L'arc ne saurait être toujours tendu. Que sera-ce pour celui qui ne se sent de bile que pour une individualité et qu'accidentellement ? Pensant ainsi, et, avec Cuvier, que les vérités sont éternelles et le bien passager, Hugo écrivit les " Misérables."

Là, de l'histoire à l'économie sociale, de la police à l'argot, du couvent à l'école, de la politique à l'entretient des égouts, tout est criblé, commenté et fait à l'instar de Rabelais décent, même ces discours macaroniques des étudiants rappelant les tirades de Zénomanes ou les déductions de Panurge. Faire une encyclopédie du siècle, — les encyclopédies ne sont jamais que du siècle ; — attractive à l'égal d'un roman, tel semble le but cherché et atteint. Pour cela il fallait un sujet. Poursuivant le même cours d'idées qu'en ses drames, Hugo entreprit la réhabilitation d'un forçat. Sur cet ensemble immoral il développa une série de thèses morales (en antithèse) dans ces parenthèses de plusieurs chapitres qui constituent à la fois le détail et le principe de l'ouvrage. . . . . .

. . . .

. . . . Scott avait fait " Ivanhoé, " Scott fut son inspirateur. Hugo fit " Quatre-vingt-treize. " Lantenac y a de valeureux moments, ce qui est rester dans le vrai en souvenir de Charette et de Larochejacquelain ; ce qui est obéir à ce sentiment gaulois qui fait qu'un Français ne compte que des héros dans les fastes de la patrie, à quelque clan qu'ils appartiennent. Il lui donne aussi des moments de grandeur pour ne pas brûler ce qu'il avait adoré. « Il n'insultera jamais la race tombée parce qu'il est de ceux qui ont eu foi en elle. » Sa tâche de citoyen ne s'arrêta pas aux œuvres écrites. Quand Paris en danger eut besoin de lui, il fit taire ses ressentiments

Et rentra dans sa capitale.

Sa capitale lui prit ses fils.
A ce moment suprême de l'" Année Terrible,"

l'homme de l'humanité n'appartint plus qu'à la France. Et quand la crise fut passée, après tant de luttes, comme Cincinnatus reprit sa charrue, il reprit la " Légende des siècles " dont le premier tome est un pur chef-d'œuvre, et d'où sont nés directement les " Récits épiques " du poète des humbles. Tous lui doivent tout. Nous le redirons encore.

La joie de ses derniers jours était de se laisser aimer du pâle Georges et de « petite Jeanne, » et de contempler, le jour durant, du haut d'un omnibus à six sous, ce Paris irradié à qui des efforts secondaires voudraient prendre une part de cette centralisation littéraire qui fait sa gloire et celle de la France.

C'est dans cette accalmie que la mort l'a terrassé. J'étais alors un écolier littéralement barbouillé, au travers du crâne, de ses vers catapulteux. L'heure de la récréation sonna. Nous descendîmes. Le concierge hissait en berne le drapeau des dimanches. Un professeur de n'importe quoi, la jambe en avant, le bras arc-bouté à la hanche, avait l'air de méditer quelque chose, ce qui était une antithèse.

Quelqu'un me dit : le Maître n'est plus.

Une larme — oh ! bien sincère, — la dernière de ce genre que j'ai versée sans doute, me vint en même temps que ceci :

—. Il a tort ! ...

Je me trouve cette réponse moins inepte aujourd'hui.

X.

Mais qu'importe l'artisan quand l'œuvre subsiste parachevée ? Et qu'importe la cohue louche et retapée des détracteurs qu'en 1885 on ne soupçonnait même pas dans leurs œufs de serpents ?...

Vous pouvez pisser tout votre soûl à la base de la pyramide de Chéops, pas une pierre ne s'en effritera, et « la pluie qui lave, et le temps qui efface » ne laisseront rien subsister de vos éjaculations hystériques.

Victor Hugo s'est éteint sans garder un iota de ce qu'il avait à dire au Monde.

Il s'éteint comme Grotius, en proclamant sa patrie premier royaume après celui du ciel ; ayant vu la littérature de nos ennemis tomber avec leurs mœurs ; ayant vu Berlin sans un poète encore ; ayant vu Uhlan l'imiter, Kœrner l'imiter, Ruckert l'imiter, Freilligrath l'imiter, Saphir de Vienne imiter Voltaire, Creuzenach de Francfort imiter Ponsard.

Il s'est éteint comme Bœthowen, tenant sa lyre encore, pour rechanter leur *Pro Patria !* Son corps a été descendu dans le temple de gloire élevé par Soufflot et sanctifié par cent cinquante ans de respect d'un peuple.

Et peut-être n'est-il qu'endormi du sommeil du Juste, jusqu'à ce que son nom ait fait treize fois le tour d'un siècle, comme la barbe d'un de ses héros treize fois le tour de la table de marbre où il se croit accoudé pour l'éternité.......

CLASSIQUES
ET
ROMANTIQUES

Classiques et Romantiques

I.

Les classiques ont généralisé des qualités et des vérités que les romantiques ont particularisées. Les uns sont des temps, les autres du temps. Les premiers jouiront d'une admiration paisible dans tous les siècles, les seconds auront eu une admiration enthousiaste dans leur siècle. Les classiques, dont la beauté simple ne fut comprise d'abord que des mandarins lettrés, pénétreront de jour en jour plus avant dans notre société où la classe moyenne tend à prédominer, et où les esprits ont été rompus aux difficultés de l'esthétique par l'école romantique. Les romantiques dont les beautés d'accessoire seront soumises aux caprices de la mode, après avoir été sentis par les esprits moyens, deviendront le régal des seuls lettrés qui y trouveront ample matière à disséquer une époque.

II.

Molière n'étudie que les caractères, Racine n'ausculte que l'âme. Ils ne sacrifient rien tous deux aux tendances de leur temps. Du moins ils ne veulent rien y sacrifier ; car la société influe sur l'auteur à son insu, et de là viennent la farce chez Molière, la préciosité chez Racine. Mais ces taches légères ne déparent pas leurs œuvres ; au contraire : la perfection est un défaut que l'homme ne peut avoir et qu'il ne pardonnerait pas.

Molière et Racine ont écrit sans souci du décor. Achille n'est que le porte-analyse du poète et pourrait débiter son rôle dans les gants blancs du régisseur parlant au public, sans que la tragédie en souffrît. Harpagon peut être joué en pourpoint, en frac d'ambassadeur ou en veston anglais.

Il n'en est pas de même d' " Hernani " ou du " Cid, " du dramatique classique et du tragique romantique. Et c'est ce qui explique pourquoi Corneille qui a moins plu et qui plaira moins que Racine dans les siècles, a, dans le siècle, de plus chauds admirateurs, comme il est de raison.

III.

Ce qui caractérise le romantisme c'est donc la *couleur locale*. Elle a entraîné la description de plus en plus détaillée et de plus en plus dans le détail des lieux, des faits et des gestes. Elle a entraîné l'emploi de l'adjectif qui précise, qui définit, qui peint. L'adjectif substantifié est devenu banal. Sont nés les néologismes, les mots étranges et étrangers, les mots du jour. On a parlé les langues du bagne, du sport, de la coulisse, de la bourse. La recherche dans les termes a entraîné la recherche dans les idées et les sujets, la grivoiserie ou l'affèterie étant les deux penchants de l'esprit latin, et l'affèterie seule étant l'estampille d'une époque de transition : Rambouillet entre Malherbe et Boileau ; Marivaux entre Boileau et Voltaire ; Thomas, Barthélemy, Champfort, Rulhière, Rivarol entre Voltaire et Hugo.

La littérature a influé sur les travers : on en est venu au mécanisme dans la mode et au bibelot dans l'ameublement. Elle a influé sur les mœurs : on en est venu à la recherche dans les sensations ; témoin Chambige. Elle a influé sur les esprits ; on en est venu à la recherche dans l'analyse desdites sensations.

IV.

Une chose observée est qu'une école qui naît est une réaction contre les abus d'une école qui meurt. Le classissisme confine à la sécheresse, à l'abstraction, au cadre classique seul, et enfante le romantisme épanoui, fécond, aux larges accès. Le réalisme arrive comme une réaction contre les fictions du romantisme. Le décadisme naît comme une revanche trop spiritualisée sur les matérialités du réalisme. Enfin, le décadisme en est à sa phase d'abus avec le symbolisme, et est côtoyé par « l'école du clocher. » Celle-ci tient de Brizeux et de Laprade, compte Jean Aicard, Camille Lemonnier, André Theuriet, François Fabié, Le Mouël pour adeptes, et triompherait si Mistral daignait écrire dans cette langue française où les mots n'ont plus aucun rapport avec les choses qu'ils représentent, au rebours de la langue provençale toute en onomatopées.

Le vingtième siècle nous réserve son génie

qui ne voudra pas aller sur nos brisées maladives, et duquel on pourra dire ce que Jules Janin ecrivait sur Lamartine : « Il a trouvé une langue nouvelle quand nous avions épuisé toutes les langues, même le barbarisme.»

Qui verra revivra.

RÉALISTES

REALISTICS

RÉALISTES

I.

D'abord

Toutes les écoles modernes sont filles du romantisme et tous les auteurs modernes doivent quelque chose à Victor Hugo ; voilà ce dont il se faut bien pénétrer avant d'aller plus outre.

Mais qui cultive encore la pure forme hugolienne ? Clovis Hugues — pour citer un marseillais. Les plastiques dorment avec Gautier, les parnassiens sommeillent avec le bon Théodore de Banville ou se réservent avec l'éclatant de Hérédia.

Dans une conférence récente, Jean Aicard — un descendant direct des phéniciens de Massilia ou de Taurentum, sincère poète et charmant diseur — attaquait ces deux écoles et les rendait responsables de l'ineptie de nos positivistes contemporains. Pour être trop artistes, disait-il en substance, ils n'ont plus été compris, et la foule s'est détournée de la poésie. Plus souvent ! Pour s'en détourner, il faut d'abord y être venu. La foule — je parle d'une classe d'esprits — a-t-elle compris Hugo moins édité que Scribe en son temps, œuvres de polémique à part ? La foule qui se délecte aux platitudes à quatre pattes de Richebourg et Montépin, n'a-t-elle pas sifflé " Smillis " et a-t-elle fait monter le tirage de " Miette et Noré " à la hauteur d'une rapsodie de Ponson du Terrail ? La foule des rastaquouères des premières, élus juges à la faveur de leurs gros sous, ne vient-elle pas de faire tomber " Jalousie " et de nous priver d'un chef-d'œuvre, sans doute, étant donnés M. Vacquerie et leur froideur ? N'a-t-elle pas fait tomber, à leur naissance, l'" Arlésienne " ce joyau, " La nuit vénitienne, " " Tragaldabas, " " Mignon, " etc...? N'a-t-elle pas fait que " Faust " a mis vingt ans pour arriver à la 500me ? La foule qui adore les stupides saletés bramées par Poilis, Paulos, Paulus — je ne sais trop le nom — n'a-t-elle pas sifflé " Lohengrin " ? La foule qui se pâme devant un portrait de général laid et en grande tenue — le portrait ! cette peinture com-

merciale qui a la prétention d'être artistique !!!
— comprend-elle un symbole de Rubens ou un croquis de Puvis de Chavannes ? Je t'en fiche !

Et encore elle est en progrès. Un chef-d'œuvre, ce jour, arrive au 35e mille aisément. Donc les parnassiens n'ont rien détourné. Ils ont attendu qu'on vienne. Réjouissons-nous qu'on soit venu. Mais ne sacrifions jamais l'Art à la foule, parce que du jour proche où la majorité de cette foule sera venue à l'Art, ceux qui, avec du talent réel, se seront abaissés au rôle d'initiateurs deviendront des oubliés, et ce sera tampis pour nous.

L'Art est haut, très haut, toujours plus haut. Il n'est pas l'école. Il suppose, indépendamment du talent, le goût qui vient de race et la science qui cultive le goût. Voilà pourquoi il fait plus beau que nature ; il est parnassien et incompris des Vandales. Musset, ayant déjà produit presque tout son œuvre, se vit un jour arriver, comme une tuile, un prix de l'Académie « pour encourager les jeunes auteurs. » A ce moment l'Académie fit acte de foule. Ceci dit pour bien montrer la généralité de ma prétendue critique.

J'ai eu un bon camarade, assez...., comment dirai-je ; il n'en pouvait mais. Un jour il tombe sur la pièce " Déclaration " de Dumas père :

« Vous avez deux cœurs et je n'en ai plus.
« Mais quand on s'entend bientôt tout s'arrange...
« De nos cœurs entr'eux faisons un échange :
« Rendez-moi le vôtre et gardez le mien. »

Croyant à une faute du prote, mon ami s'empresse de traduire :

« **Donnez-moi** le vôtre et gardez le mien. »

Allez faire aimer autre chose que de la mélasse à cet *épicier*, M. Jean Aicard et cher Maître !....

*
* *

Donc rendons notre estime — voire notre admiration — à Leconte de l'Isle et au suave auteur du suave " Baiser " bien que ses odes funambulesques n'éclosent plus qu'au *Chat Noir* entre deux cents vers de Glatigny et trois cents de Baudelaire. Baudelaire même n'a laissé qu'un disciple, Rollinat, et n'a fait école que parmi les externes de rhétorique. Les réalistes sont un peu vieux jeu, corde usée, scie à l'américaine, potiches chinois ; mais enfin, M. Huysmans dans les rangs et Bonnetain en serre-file, la bande donne assez bien la charge dans les colonnes de tel ou tel périodique. Les Décadents sous le gonfanon à gueules d'or sur champs d'azur de Paul Verlaine, et les Symbolistes suivant à la queue leu-leu le panache de Stéphane Mallarmé *qui a lu tous les livres*, se disputent seuls les « palmes immortelles » rêvées par Escousse.

Leur cas a été analysé, charcuté, ressassé. Peu me chaut ! Chacun apporte sa pierre et l'édifice s'empile. Ceux-là bâtissent tout un mur ; d'autres n'y ajoutent qu'un gravier qui sont tout de même les bienvenus.

*
* *

Et d'abord soyons de bonne foi, francs comme Auvergnats, et admettons qu'il n'est idée si paradoxale en apparence qui ne renferme un germe incontesté de vérité vraie, le paradoxe étant une vérité venue avant son heure. Ronsard vilipendé nous lègue Hugo. S'il est certain, comme l'a redit M. Jules Lemaître, que l'étranger est pour nous comme une postérité contemporaine, voyez le succès de Zola en Russie, non pas dans la Russie des moujicks et des cosaques, mais dans celle des Tolstoï, des Tourguéneff, des Gogol. D'où il faut admettre comme axiome que dans toute école littéraire le principe est bon, et que ce n'est que ce même principe outré qui est mauvais ! Voilà pourquoi quand on discute sur tel ou tel principe a-t-on chacun raison. On n'examine que ce qu'il a produit, et d'aucuns, s'enfermant dans un pyrrhonisme apparent, qu'ils croient être la dernière expression de la sagesse, en concluent par le mot de Montaigne : que sais-je ?

Or, si la tolérance est une aimable vertu, l'indifférence est un danger. La décadence du langage et celle non moins caractéristique des œuvres, d'art, trahit la décadence des mœurs, parce que l'écrivain et l'artiste sont avant tout de leur temps et en traduisent la manière d'être et d'agir. Seulement ils tiennent tous deux le levier avec lequel ils peuvent réagir efficacement contre les funestes tendances. Ils sont d'autant plus responsables qu'ils font d'autant moins œuvre d'art, qu'ils sont davantage de leur temps, c'est à dire que leur talent est plus secondaire, et qu'au lieu de généraliser ils particularisent et se rendent plus accessibles à la masse.

A ce titre, M. Zola assumerait une responsabilité morale proportionnelle à l'édition de ses photographies pornographiques, n'était que M. Zola — avant d'être un puissant artiste fourvoyé, — est un monsieur qui voit loin nonobstant sa légendaire myopie.

II.

Ensuite...

Il a dû penser, en effet, que les neuf dixièmes et plus de ceux qui lisent un roman le font pour se distraire un moment de cette vie si grossement matérielle et administrative. Ils y cherchent non pas tant à s'y instruire ou à y fouiller l'analyse de tel caractère particulier, qu'à se réfugier dans un monde qu'ils savent semi-conventionnel. Et la double preuve, c'est que, d'un côté, les romans de Paul Bourget n'ont accès qu'auprès des initiés à l'*art psychologique*, et, de l'autre, c'est que les romans de M. Ohnet sont follement vendus.

Les lecteurs ne demandent à l'auteur que de leur présenter les choses assez vraisemblablement pour ne les pas désabuser malgré eux. Leur vouloir présenter la vie telle qu'elle est, avec sa monotonie, ses petitesses, son langage — car le réalisme de fond entraîne logiquement celui de forme — leur présenter donc la vie nue, est les engager tout de suite à jeter le livre au panier et à y préférer peut-être un..... roman de M. Zola.

Car voilà où le cache-cache commence. M. Zola qui n'est pas une bête — dirait mon ami du coin — a parfaitement compris la manigance. Aussi sait-il mieux que tout autre que son supposé réalisme n'est que l'épopée d'en-bas, la poésie de la vidange, l'illiade... de l'autre côté, le roman *romanesque* du vil.

*
* *

On m'opposera Gyp, Maupassant, les Goncourt qui sont réalistes réels.

Mais la première n'est lue qu'au faubourg Saint-Germain pour lequel elle écrit des programmes variés d'occupations d'hiver et d'été.

Le second, avec et malgré sa touche vigoureuse, n'est aussi *senti* que par les seuls artistes.

Et le troisième, avec " Germinie " et " Renée, " n'est apprécié que par la moyenne classe sceptique, ou une bohême dont ses pages augmentent le tourment moral.

D'ailleurs, dans ces romans, ce sont des malheureux qui se nuisent toujours entr'eux. L'"Assommoir " et " Germinie " dont l'identité des sujets en sens inverse est évidente, ne renferment pas autre chose. Quelles conclusions les auteurs veulent-ils nous en laisser déduire ?

*
* *

Mais retournons à nos vidures. Je ne dis pas que les conceptions grandioses, procèdant par à coups, de M. Zola, soient toutes conventionnelles. Non. On sait même pertinemment que par le truc des « fiches » et des « petits papiers » il en est tout autrement. Mais il y a moyen de ne pas imaginer et de faire cependant imaginaire malgré qu'on en ait. Le Maître ne recherche que le détail aussi menu qu'il peut le trouver, le fretin des faits-divers. Cette exception est le pire. Car tandis que les vices sont édités dans la *locale* de tous les journaux de France, de Navarre et de Landernau, la vertu n'est proclamée qu'une fois l'an, à Nanterre, et encore en rions-nous ! !

De cette exception, le Maître fait une règle générale, et en arrive à écrire cinq cents pages aussi fausses, dans un autre sens, que l'intrigue mirifique des benoîts romans que ne lisait pas ma mère-grand.

De sorte que si M. Zola se voyait appliquer son propre aphorisme : « l'art est dans la vie et non ailleurs, » on serait autorisé à croire qu'il n'est rien moins qu'un artiste, ce qui serait une souveraine injustice.

Ou, s'il se voyait appliquer son autre aphorisme : « l'art est la nature vue à travers un tempéramment, » on en conclurait que son tempéramment est opaque, qu'il se laisse voir seul, et qu'on ne voit pas ainsi quelque chose d'éminemment ragoûtant.

III.

Enfin :

Décidément le *document humain* a échappé, volontairement ou non, à l'auteur de " Pot Bouille " et de " Nana. " Il a plus étudié l'effet indéfini que la cause définie, et le roman réaliste comme il l'a conçu est encore à faire. Par les raisons qui ont dû déterminer M. Zola à l'éviter il ne réussirait pas. Personne ne tentera un four certain et garanti authentique par avance.

Admettons même cet argument, qui n'est qu'une excuse, qu'il faut nous présenter notre œuvre — la société moderne — telle qu'elle est, afin de nous en faire rougir ou de nous engager à la bonifier. Mais ceux qui lisent un roman réaliste, sont-ce bien ceux qui ont à rougir ou qui peuvent bonifier ? Et puis nous préférons, pour nous exposer cela, le rapport concis de tel ou tel ou tel secrétaire de telle ou telle ou telle commission de la Chambre des Députés.

Et nous avons, pour faire des lois, beaucoup trop de gens dont c'est le métier, sans y mettre encore notre bec de plume.

L'Art doit être indépendant de tout, sauf de l'âme, du cœur et des beautés plastiques ou naturelles. Les questions sociales, politiques et poncives doivent être laissées en tout appas aux ratés de la littérature et du barreau qui composent une bonne partie des assemblées dirigeantes de la République d'Andorre.

*
* *

Toute œuvre doit être réaliste pour être vraisemblable et porter les fruits qu'on en peut attendre comme enseignement social. Mais ce doit être un réalisme de caractères, de descriptions, d'analyses, mitigé par une fantaisie de bon aloi.

A ce point de vue, Georges Sand qui comparait l'Art à deux vases, l'un de fleurs, l'autre.. pas de fleurs qu'elle avait vus anse à anse sur la même fenêtre, G. Sand est un romancier réaliste. Plus qu'elle, mieux qu'elle, le sont Flaubert, Balzac et quelqu'un que les jeunes admirent profondément, mais dont le nom est compromettant depuis qu'il a déposé l' " Immortel " contre les murs du palais Mazarin.

Et encore Balzac, pour avoir trop fait réel, comme dans les " Parents pauvres " par exemple, ne laisse pas que d'être parfois diffus en diable et un tantinet ennuyeux.

Exprimer, en un mot, des actions dont nous sommes capables dans un style éduqué ; mais exprimer aussi des rêves que nous pouvons croire réalisables. Eviter l'épopée sans tomber dans le rapport, voilà peut-être le dernier mot de l'art d'écrire, et ce mot-là ce n'est ni M. Zola, ni vous, ni moi qui l'avons trouvé....

Mais peut-être bien celui qui écrivait en 1865 : « La réalité est, dans ce livre, modifiée par tout ce qui dans l'homme va audelà du réel. »

Et celui-là s'appelait Victor, baron Hugo.

DÉCADENTS

DÉCADENTS

⁂

Aussi qu'est-il advenu ? L'école réaliste qui était une réaction contre l'idéalisme du romantisme, a vu cet idéalisme se manifester plus fort comme une réaction contre les basses menteries du réalisme.

Mais sous quelle forme, bon saint Jean de Latran ! Pour leur pesant de mélasse même, je ne voudrais pas avoir commis les élucubrations saugrenues des sieurs René Ghil, Stuart Merrill, Raimbaud, ni toutes celles de Jean Moréas, de Maurice Duplessis, d'Ernest Reynaud, de Jules Laforgue. Et pourtant ceux-là ont la conviction peut-être. Peut-être c'est un dévoûment à l'Art qui les pousse dans cette galère.

Ils criaillent le plus pour avoir le moins. Ou s'ils travaillent pour la gloire prématurée, le capitole des vidés, le bruit à panache, la réclame à la Richepin, ils n'en ont aussi que la fumée. C'est maigre.

Dans les époques transitoires, les chercheurs d'où sort le créateur définitif sont morts misérables, parce qu'ils étaient l'avant-garde et n'ont été compris qu'après coup.

Leur cri de ralliement est *réaction*, c'est à dire excès dans le travers contraire. Réaction contre l'abjection des uns, réaction contre la quintessence de banalités des autres...

!...

Car en ce temps-là, en effet, on pouvait relever dans un seul roman — " Les Dames de Croix-Mort " de M. Ohnet, éditeur Paul Ollendorff, rue Richelieu, 28 bis, 1886, première page et toutes les suivantes — des expressions hyperboliquement originales de l'envergure de celles-ci :

« M. de Croix-Mort était brun. M. d'Ayères était blond. *Ce passé noir* rendait si tentant *cet avenir doré.* »

Ça dépend des goûts dont il ne faut pas disputer. « Subitement, le globe empourpré descendit, et tout devint *sombre comme l'avenir*. »

C'est ça, mes enfants, qui doit faire un bel effet de demi-teinte dans un paysage de Ruysdaël !

« Et sa belle barbe d'or *elle la voyait rousse* comme celle de Judas. »

Ce que c'est que de nous, quand le daltonisme nous prend ! Ah ! malheur si l'on peut dire.

« Elle distinguait le bout embrasé de son cigare, et le point rouge *lui parut être un fanal*. »

J't'crois ! En voilà une qui prend les lanternes pour des vessies, au moins ! Tous myopes dans ce pays ! Je continue : il s'agit toujours du réverbère des manufactures nationales :

« Elle se demandait avec inquiétude ce que signifiait ce feu ... »

Mais que le gars fumait apparemment.

« Fallait-il y reconnaître un avertissement contre les dangers de récifs cachés ? »

Point final. J'avoue qu'un phare peut-être, à la rigueur, un londrès bien calibré, surtout s'il est de première classe et à quatre lentilles biconcaves. Mais voilà, est-il de première classe ? *That is the question*. Cruelle énigme ! Monsieur Ohnet ne le dit pas. En revanche, si vous voulez du style neuf, en voici :

« Il paraissait courbé comme sous un poids trop lourd : celui de son infamie. »

Si vous désirez une idée pathétique en voilà:

« Et, avisant une place entre ses deux sourcils, il se dit qu'elle semblait faite pour y loger une balle. »

Il y a comme ça, de par le monde, de ces braves filles de balles qui ne veulent que certains billets de logement.

« Cette neige inaccessible (jeune fille) le tentait ; il eût voulu y vautrer sa boue. »

Quand je suis arrivé là, j'ai pris soigneusement ma main gauche dans ma main droite, et je me suis juré de mourir ou de comprendre.

Généralement un cochon se vautre dans la boue, et il n'est pas de boue qui se soit vautrée dans un cochon, que je sache. Puis, voyez-vous bien cette boue anarchiste qui, au lieu de rester sur le sol comme il est établi dans le Koran, va pousser sur de la neige, et de la neige inaccessible encore s'il vous plaît ; pas de la petite neige ! C'est grave, très grave. As-tu fini, boue, ou je t'attache ?....

Ma foi ! je n'ai pas compris ; je ne suis pas mort, ni vous non plus; mais j'ai adressé — par dessus les monts — un pied de nez vaste comme la mer, à M. Ohnet (Georges) chevalier de la légion d'honneur, et je lui ai crié par trois fois toi, si tu m'y repinces !!!...

Parions qu'il ne m'aura pas entendu ! Du haut du monocle de Monsieur, Monsieur n'entend pas les rires qui s'épanouissent en fusées sous le nez de Monsieur !

— Ça se voit ! lui a dit quelqu'un.

?...

Les décadents qui ont fait un titre d'une insulte, se divisent en deux classes parce que

> « Quand ils s'en vont deux par deux
> « Les canards sont moins peureux. »

Nous tirerons donc un trait entre ces Armagnacs — et ces Bourguignons, ces *moral* — et ces *physique*, ces pur-sang — et ces abâtardis, ces Décadents proprement dit — et ces symbolistes qui sont la bohème des premiers, dont par conséquent ils n'imitent que les défauts.

Si nous ne craignions pas de nous répéter, nous dirions que les Décadents, réagissant contre le réalisme, ne pouvaient que tomber dans le romantisme. C'est ce qui a dû advenir aux pilotes. Je les vois d'ici se prendre l'os nasal à deux doigts, et se soliloquer : Hé mais ! *je n'y prenais point garde !* ça n'est pas neuf du tout cette méthode-là ; la rime riche, Hugo l'a trouvée, l'adjectif typique, Hugo l'a inventé. Faisons-nous une prosodie à nous, où le vers ayant parfois vingt-quatre pieds, aura d'autant plus de raison de marcher haut. Quant à l'épithète, « locupletons-la de la redondance latinicome. »

Et alors — pour la forme, — les Décadents ont frisé les *précieuses*, mais étant allé plus loin, ils ont fait d'un travers une originalité.

D'ailleurs, ils n'ont rien créé. Ils ont eu d'illustres prédécesseurs qui auraient fait une fois par hasard ce qu'ils allaient ériger en loi. Quand Christine de Pisan écrivait :

Te gard aussi de **foll'** largesse. »

Quand Fénélon et Massillon écrivaient : « la bonne odeur de J.-C. » Quand La Bruyère écrivait : « trivial comme une borne. » Quand Racine écrivait : « cette tristesse *obscure*. » Quand Musset écrivait : « un sourire *mélodieux*. » Quand Barbier écrivait : « je *m'allume* la joue... l'écueil aux *hanches* difformes,... on sentait remuer un *lambeau sonore*. » Quand Châteaubriand écrivait : « l'air doux comme le miel et le lait. »

Quand Lamartine écrivait : « *flexibles* allées....
pieds *étonnés*... un nuage *éclaté*... *semer* un son...
voir *vaciller* son âme dans son sein... leurs
flancs pressent leurs flancs pressés....» Lamartine, l'autre et les autres, en remontant la période, faisaient du décadisme de forme.

On fait du décadisme de forme chaque fois qu'on emploie un qualificatif frappant ou incongru ; car s'il y a eu des trouvailles, il y a eu bien des bulles de savon dans ce sens.

On fait du décadisme de forme chaque fois qu'on fait une métaphore, une définition ou une description d'un simple accouplement de deux mots étonnés de se voir réunis. Exemple :

« Mourait **fossile**
« Un **géranium.** »   (Jules Laforgue)

Hugo avait déjà dit, parlant des étoiles filantes :

« Ce sont des **points univers.** »

Car les décadents n'ont rien créé, pas même leur orgueil farouche et que je comprends, car Hugo disait :

« Il ne vous connaît pas (**poète**); il dit par intervalle
« Qu'il faut aux jours d'été l'aigre cri des cigales ;
« L'épine a mainte fleur ; que c'est le sort commun ;
« **Que ce serait pitié d'écraser la cigale.** »

On conviendra que " Jadis est naguère " est une haute œuvre et le chef-d'œuvre de Paul Verlaine. Eh bien ! sauf la pièce finale dédiée à Mallarmé, ce qui explique pourquoi elle est quasiment inintelligible, et sauf un pantoum profondément idiot et irrégulier, toute la partie " Naguère " est du Coppée raffiné et maladif, le Coppée des intimités et des intérieurs, mais plus senti et d'un contour plus pur, et ainsi plus assimilable à nos nervosités Or, Coppée dérive de Hugo sans s'en cacher, et de Shelley en s'en cachant.

Et tout Hugo avec sa closerie de barbarismes, de termes techniques, de figures neuves procréées à foison ; et tout Homère, et le Koran, et la Bible, et Confucius, et le Ramayana, et le Mahabahrata sont des chefs-d'œuvre de décadisme de forme.

D'ailleurs pourquoi parler des poésies orientales, quand le siècle de Corneille se trouve entre la pléiade, et les décadents du XVIIIe siècle dont parle Gresset en un recoin de ses discours académiques.

(*)

En effet, j'ouvre une parenthèse, et mon édition stéréotype — 1806 — des œuvres de Gresset. Ce n'est pas tout à fait pour vous dire cela que je le dis. Mais attendons la fin. Vous savez, c'est l'histoire du couvreur qui pique un plongeon en règle d'un septième étage. Il passe — jambes au vent — devant la croisée du quatrième :

— Eh bien ! comment ça va, mon garçon ?....
— Pas mal jusqu'à présent, merci ! mais c'est la fin qu'il faudra voir !...

Dans le tome premier, j'ai relu le " Méchant, " sommeillé sur " Sidnei, " et ne me serais pas tiré de l'imbroglio académique final, si je n'avais eu l'intention d'en sous-cutaner une bénigne dose à qui m'ouïra.

C'est de la réponse de Gresset, directeur de l'Académie, au discours de réception de M. Suard, le 4 août 1774, qu'avec votre permission, je vous parlerai. Quand je dis parler c'est une manière d'écrire. Les ciseaux m'éviteront des frais d'imagination. Ce sont de simples extraits que je vais vous remettre sous les yeux, mais combien prophétiques !

Ainsi, nous rapporte-t-on, Louis de Saint-Martin, Boëhm, le cordonnier de la Lusace, l'abbé Sabattier, d'Argenson la Bête, Chateaubriand qui prédit 1830, ont eu ce don de divination. Il est vrai que Héron de Villefosse a fait raconter la Révolution française par des extraits choisis de Tacite, et Ginguené par des pages de Rabelais. Au surplus, tout est dans tout comme dans rien, et passons au déluge :

« Nous ne pouvons nous dissimuler que l'af-
« foiblissement des mœurs anciennes nous a
« successivement enlevé, non-seulement un très
« grand nombre de termes énergiques, lumi-
« neux, nécessaires même, et remplacés par de
« faibles équivalents ; mais un très grand nom-
« bre aussi de tournures naturelles, naïves,
« simples comme la vérité et fortes comme
« elle.... Dans ces jours où l'on croit avoir du
« cœur et ne pas rougir de le prouver, on
« prononçoit toute idée comme elle venoit
« d'être conçue. »

Il va sans dire que c'est Gresset qui parle, et que je continue à le transcrire sans commentaires :

« Les gens sensés seront bientôt réduits à ne

« pouvoir plus employer les termes du plus
« grand usage sans se voir tournés en dérision
« par l'abus misérable des mots.... Quel étrange
« idiôme assuré par les délires du luxe, des meu-
« bles, des habits, des coëffures, des ragoûts, des
« voitures ! Quelle foule de termes nouveaux-
« nés ! Les arts ont presque tous leur diction-
« naire particulier.... Mais une acquisition plus
« réellement nuisible, c'est cet art de parler sans
« avoir rien à dire, cette puérile fureur de ne
« point parler comme un autre.... Oui, l'on
« pourrait parier qu'au moyen de leurs nou-
« veaux termes et de leurs tournures nouvelles,
« ils auront une longue conversation soi-disant
« françoise et où il n'entrera point une seule
« phrase raisonnable de françois. »

Si je n'avais pas juré de ne point approuver ni improuver, je dirais là quelque chose ; mais je me tais.

« Dans la prétention de ne penser que forte-
« ment on veut mettre à tout l'air de l'enivre-
« ment ou de la détestation. Il n'est plus de
« milieu ni dans la pensée, ni dans l'expression;
« toute femme est *radieuse, céleste*, ou du *der-
« nier ridicule*, d'une *bêtise amère*. »

On m'avait dit, ja, que notre siècle était le

siècle de l'exagération. Il paraît qu'il avait un quartier de noblesse sans le savoir, comme M. Jourdain.

« Mais le malheur est que beaucoup de gens,
« qui d'ailleurs parlent juste et pensent bien, se
« prêtent souvent eux-mêmes à ces brillantes
« façons de parler mal. Ne voyons que la vérité
« des objets, nous reprendrons le langage de
« chaque chose. »

C'est que justement le langage du jour exprime bien nos névroses, nos sensations mièvres et maladives, d'une psychologie subtile. Il faudrait redevenir sain pour avoir une littérature saine ; il nous faut des mâles, voire des faunesques. Le XVIIIe siècle eut une même crise :

« Au milieu des fêtes et des lauriers dont ils se
« couronnent de leurs mains, ce ne sont plus
« chez eux des nerfs *agacés*, des nerfs *crispés*,
« un *système vaporeux* à débrouiller, des *vibra-*
« *tions* à remettre en mesure, une *balance* égale
« aux liqueurs, et surtout de *l'harmonie aux*
« *parties discordantes du genre nerveux.* Dans
« leur style, la fièvre, terme trop bourgeois, ne
« se nomme plus dans sa force qu'une *grande*
« *fluctuation*, et dans sa décroissance qu'une
« *queue d'orage....* Terme honteux encore que
« l'amitié qui s'en va, et l'amour de la patrie

« presque éteint dans beaucoup de cœurs des-
« séchés et flétris. »

Vous voyez bien que « ces docteurs ambrés » comme les appelle Gresset, s'en donnent à en veux-tu en voilà, parce que Molière n'est plus là. Ils passeront ; qui songe à eux maintenant ? Mais d'autres viendront qui seront les artisans du même oubli, et ainsi de suite jusqu'à l'infini : le mouvement perpétuel est trouvé.

Et tout cela vous fait bien voir que rien n'est nouveau, pas même de le dire, et qu'il est encore des discours académiques desquels on ne peut pas dire ce que Madame de Sévigné écrivait de la "Cléopâtre" : « C'est ordinairement sur cette lecture que je m'endors. »

« ... »

Les décadents, comme certains musiciens des bords de l'Elbe, assimilent les sons aux couleurs, et, tout en tenant compte de la valeur absolue des mots, leur donnent comme une valeur relative par l'agencement de la phrase. Gautier avait déjà trouvé, dans ce genre, sa *Symphonie en blanc mineur*.

Au reste, Hugo a dit : « une époque a ses idées propres, il faut qu'elle ait aussi les mots propres à ces idées. » Or, les idées du jour subtiles, malingres, grêles, s'accordent fort avec ce style qui les peint plutôt qu'il ne les exprime. Méry l'a écrit : « les mots doivent être l'image des choses, » et Lamartine : « le vers parle à l'idée *et à la sensation.* »

Vous me direz qu'on rit des Décadents ; mais qui rit approuve d'après Théophraste. Qui rit au moins, ne désapprouve pas, est indifférent ; car il n'y a plus rien de sérieux aujourd'hui, ou du moins de considéré comme tel. Madame Claudia Bachi écrivait : « Si intelligent que soit un homme, il y a toujours un point par lequel il est idiot. » C'est à ce point là qu'on aura regardé et jugé, de notre temps, notre temps lui-même et ses hommes saillants.

Que si vous riez au lieu de réagir parce que vous vous dites qu'une minorité ne saurait triompher, je vous demanderai si ce n'est pas une minorité qui a amené la Révolution française, le romantisme et les habits ridicules ; et je vous renverrai à Renan qui a écrit : « les grandes choses, dans un peuple, se font par la minorité. »

Et à regarder les progrès faits par les Décadents imitateurs depuis 1885, on en tient pour cette opinion du grand hébraïsant. Je dis imitateurs, car Verlaine est excepté.

Les symbolistes partent du même principe que les Décadents Seulement, ne tenant aucun compte de la valeur absolue de nos mots, ils n'écrivent que pour l'oreille une langue à onomatopées. Cette langue est formée de mots quelconques, créés ou incréés, ajustés pour rendre le son désiré et non pour exprimer une idée intelligible et intelligente. Ce son doit éveiller en nous la sensation de la sensation ou la sensation de l'image qu'a voulu nous faire ressentir ou nous peindre le poète.

Par exemple, pour vous donner l'idée du reflet d'une lumière sur un corps poli, j'emploie le mot *luisance*. Pour vous donner l'idée du même reflet sur un angle, j'emploie le mot *luisure*. Naturellement, il y a là une idée vraie, mais poussée trop loin. Tandis que les plastiques étaient peintres, les symbolistes sont musiciens. Ils n'oublient qu'une chose, c'est que si la musique, qui commence où cesse la poésie, nous communique, en effet, des sensations et des sentiments, c'est peut-être parce que l'intelligence n'a aucun rôle à jouer pour la comprendre, et que l'effort *nul* fait pour se l'assimiler n'en détruit pas l'effet. Au reste, de même que les impressions musicales varient avec les tempéramments, de même les impressions symbolistes de forme seront multiples avec les multiples esprits. Tout ceci n'est que pour ce qui concerne la sensation. Pour ce qui concerne l'image, le drôle commence et aboutit à l'absurde.

Par exemple, je veux donner l'impression d'un couchant rouge. La lettre qui éveille par excellence l'idée du rouge est l'O. J'écris :

O soleil monolOgue, Au Profond dÔs Allôh !....

Les lettres que j'ai élevées au hasard, moi profane, mais que les symbolistes surélèvent d'après des règles invariablement établies, sont destinées à renforcer l'impression vis-à-vis de l'organe visuel. Mieux vaudrait tout de suite écrire en rouge, ou en or, ou en vert, comme dans les missives de Barbey d'Aurevilly.

———

Voilà pour la fôôôôrme, passons au fond. Un symbole est une figure par laquelle on explique ou on commente ce qui sert communément de pensée. Renan a dit : « Jamais un homme en possession d'une idée claire ne s'est amusé à la revêtir de symboles. » Peut-être. Toujours, quand Hugo fait du symbole, il l'explique amplement avant, pendant et après. "Mazeppa", " Les tronçons du serpent " en sont des exemples riches. Et, de plus, les notes suivent en serre-file, expliquant même des mots qu'on trouve dans Larousse tels que djinns, aspioles, Azraël... ce qui est un peu ridicule.

Ici c'est différent. Je veux dire benoîtement que mon cerveau est divisé en cases inégales et inégalement meublées ; j'écris, sans toucher un mot du crâne ni de quoi que ce soit qui s'y rapporte, d'après les règles édictées par tel ou tel Baju :

La maisonnée — partagées par magie paradisiaque, mais sans façon congrue, plutôt bien inéquitable — sont des cases opulentes, meublées avec des ors, et — en des recoins pulluleux d'ignorantine pénombre — issoient des confins transis, sans pouf ni tabouret, en pâture de rats emmi leurs trous. Habitâcle prosmiouite !

Et si je tiens compte dans mon *couchant rouge* précité des bruits du soir, des senteurs du foin fané, des regards coulis de l'odalisque qui passe et des songes creux qui m'éclosent dans la caboche je vous aurai ménagé, Monsieur Lecteur, un mignonnet exercice de mnémotechnie breveté trois ou quatre fois insignifiant.

J'imagine qu'au bout d'un certain temps, quand un symboliste s'avise de vouloir comprendre pour la première fois une de ses poésies d'antan, il fait de doctes études expérimentales sur le casse-tête solitaire et transcendental.

Pour de l'idéalisme, c'est là de l'idéalisme ! Et quintessencié comme jamais encore. Pourtant un scrupule me vient qui me pousse à mieux aimer une oraison dominicale en volapük ! Il faut avoir l'ouïe et la vue un peu bien subtilement exercés pour saisir et amener à flot ces idées latentes enclosent en leur état embryonnaire.

Seulement voici le palliatif, les circonstances atténuantes. Nous n'avons parlé jusqu'ici que des doctrines, abstraction faite des œuvres. Or les œuvres valent mieux que les doctrines, et les hommes mieux que les œuvres, contrairement à ce que beaucoup ont osé insinuer. S'il faut l'avouer, je préfère, pour ma part, à un clan d'imitateurs stationnaires qui déflorent les productions d'autrui, un clan de chercheurs sans vergogne ou d'envieux exaspérés, souvent justement, qui trouvent une vérité durable en émettant cent sottises passagères.

Il y a bien peu de temps que, frais émoulu des écoles et de l'enseignement conventionnel avec lequel elles taillent un cerveau en cube parfait, je riais de tout mon cœur au seul nom de Moréas ; il est vrai que j'étais à l'âge naïf et bébête où l'on préfère un roman de M. Ohnet à des vers de Leconte de l'Isle, et une romance d'orgue de Barbarie à l'ouverture du " Tanhauser." J'ai cru apprendre depuis qu'il y avait du bon partout, sauf chez M. Ohnet et dans l'orgue. Et que le sublime du tact et le commencement du goût consiste à démêler ce bon du mauvais qui l'étouffe, et à en faire son régal sans souci des règles personnelles et arbitraires des critiques de l'unique loi. Car le jugement, si l'on s'en permet un en Art, doit résulter de la comparaison ; la comparaison n'est juste qu'autant que celui qui compare est à même de goûter la multiplicité des écoles.

Voilà pourquoi la grande rectitude de jugement qui fait admirablement en morale et ferait parfaitement en politique chez Francisque Sarcey, n'a que faire en esthétique et dessert, au contraire, en ce cas, le maître avéré et honoré du journalisme contemporain. Lui-même a confessé avoir mis vingt ans pour comprendre Hugo, et il ne désavouera pas que son talent est éminemment bourgeois, mais aussi est éminent, ce qui lui fait compter, chez les poètes et les artistes même, plus d'admirateurs qu'il ne s'en croit et qu'il n'y en a d'avoués.

Aussi le Maître n'aurait-il pas goûté une toute charmante nouvelle moyenâgeuse de Moréas parue dans le numéro de février ou mars 1888 de la Revue Indépendante. Il est vrai, qu'à part deux ou trois bribes semblables, Moréas n'a eu de charmants que ses duels à tapage, bien qu'il soit un petit dieu dans la tribu de la Chaussée-d'Antin.

On a fait aussi une niche à part à feu Jules Laforgue. J'avoue n'avoir admiré dans son recueil posthume " Fleurs de bonne volonté " — titre imité des " Fleurs de Mal " — que ces deux vers :

« Je suis si exténué d'art :
« La chair me donne mal de tête. »

Ils traduisent un état psychologique indéfini dans lequel je me suis trouvé et dont ils m'ont fourni la constatation. Tant pis ou tant mieux pour qui ne les comprendra pas. Ils ne sont pas de ceux qu'on explique, mais de ceux qu'on sent. A part cela, il est vrai, j'ai cherché en sanscrit et en argot la traduction littérale explicative de titres tels que : " Complainte des crépuscules célibataires " et " Impossibilité de l'infini en hostie." J'ai soumis le cas à l'école des Chartes qui n'a pu trouver encore là-dessus de monument certain : les palimpsestes sont muets, les hiéroglyphes plus clairs, les langues sémitiques impuissantes. On me permettra de ne pas tomber en pamoison non plus devant ceci :

> « Et ce soir nuit de jeu, et demain la refuite
> « A l'aventure, vers la folie des pépites, !
> « Et, devenu vieux, la ferme au soleil levant :
> « Une vache laitière et de petits enfants
> « Et comme je dessine au besoin, à l'entrée
> « Je mettrais : Tatoueur des bras de la contrée ! »

Cela peut traduire un lieu commun d'état nostalgique d'âme — originalement. Mais on voit trop que le voulu prime et que la tirade n'est faite que pour l'effet hilarant du dernier vers. Et cela me fait revenir qu'on accuse les nouvelles couches d'être tristes, gavées de Shopenhauer ; peut-être oui, peut-être pose ; toujours est-il que bon nombre de leurs productions produisent tout juste l'effet du protoxyde d'azote sur le lecteur, et que, de ce chef, les auteurs méritent d'être médaillés d'or par la société d'encouragement au bien.

Je confesse en toute humilité n'avoir pas lu les "Moralités légendaires" du même Laforgue. Je ne doute pas cependant que sa prose ne soit de beaucoup supérieure à ses vers. C'est là une chose remarquée chez les Symbolistes que leur prose demande une grande tension d'esprit pour en savourer tout le bon, et c'est ce qui plaît ; car, à lire sans effort, il semble que l'esprit se noie ou se dissolve en des allongements de mots. Il vaut mieux lire encore des œuvres dépassant la portée de notre intelligence que des œuvres de plain-pied avec elle ; les unes l'initient, les autres ne font que l'entretenir. Au reste, si un auteur travaille tant pour la plus suave édification du public, c'est bien le moins que celui-ci prenne la peine de comprendre. Une lecture qui ne fait pas refléchir et penser mène à l'assoupissement et au dégoût ; aussi La Rochefoucauld et Joubert conviennent — quoique absolus — aux esprits d'élite.

D'ailleurs, si les proses décadentes demandent une telle attention, les repos y sont marqués, comme en poésie, par d'assez longs entr'actes de platitudes béates. Je me suis toujours imaginé qu'elles venaient ainsi à leur heure et à dessein. Khan, Maus et Ajalbert font exception néanmoins, et rien n'est relevé à lire comme les critiques d'art des uns et les nouvelles de l'autre. Et ceci me ramène — après son développement — à mon point de départ qui sera aussi mon point final, assavoir qu'il y a beaucoup de scories chez les décadents et les symbolistes, mais qu'il y a des paillettes de valeur ; que ces paillettes sont des imitations poussées si loin en leurs conséquences qu'elles frisent l'extravagance, c'est à dire le point où le génie — produit par les mêmes troubles cérébraux que la folie — devient folie même ; que surtout les nouveaux adeptes à la nouvelle école gâtent l'œuvre édifiée par Verlaine en n'imitant que ce qui n'est pas à imiter de lui ; et, qu'ainsi, ce ne seront ni les *cognacs d'absolu,* ni les *pâtés d'intrinsèque,* ni le *vent qui gargouille au fond des cheminées* dans leurs poésies, ni ceci, ni cela, ni les autres choses et le reste qui convertiront jamais les quiconques à la doctrine très ineffable dont sera régénéré le papier d'imprimerie....

Et, toujours, lorsqu'il tentera de lire un Ghil ou un Raimbaud, le lecteur en arrivera à s'endormir d'une manière particulièrement profonde, ce qui sera le premier symbole en plein compréhensible pour M. Prudhomme ou pour M. Homais.

Et voilà un peu de ce que je voulais dire. Car moi aussi je joue de la flûte, sandis !

CONCLUSION

Hugo a fait le siècle qui en exprime tout ce qu'il peut et plus encore. C'est du trop fini qui se produit. Il en restera une grande distinction littéraire, un épurement heureux des termes, une sûreté scientifique d'analyses et une grande vérité de descriptions. Aucun des noms du jour ne restera ; car chacun en soi a plus de défauts que de qualités ; mais les qualités de la masse seront de valeur. Les hommes importent peu aux faits qui sont tout.

* * *

Il est donc palpable que nous sommes dans une époque de transition où les chercheurs se défient d'eux-mêmes, de leur talent et de leur cœur ; car je ne crois morts ni l'un, ni l'autre :

« Frères de Roméo, vous n'êtes qu'endormis ! »

* * *

Est-ce à dire que celui qui aura le courage ou

l'adresse de revenir à la simplicité antique et aux sentiments relevés sera compris ? Non. Parce que son innovation sera une originalité. Il a fallu que Bernardin fût déjugé par Buffon pour que Lamartine réussît.

*
* *

Mais celui-là sera un artiste savant. Le temps est passé des œuvres d'inspiration à heurts et à angles. A une société raffinée et chez laquelle le savoir sussure par tous les pores, il faut une littérature correspondante. On appellera cela de la décadence. Mais la décadence de l'architecture s'appelle Renaissance et est, elle aussi, un éclectisme.

*
* *

Alors la différence s'établira plus profonde entre la classe lettrée immense et la classe illettrée infime. Nous marchons à une féodalité intellectuelle. Les serfs seront ceux-là qui furent les seigneurs, en vertu de la déliquescence et de l'androgynie des raffinés, et d'après les lois certaines de l'atavisme.

*
* *

L'Art, de plus, se généralise. Tout poète est

peintre comme tout musicien. Gounod est portraitiste.

Elle est remarquable l'extension qu'a prise la peinture en ces temps, et je termine mes paradoxes par cette hyperbole: la littérature qui a tué les arts plastiques sera tuée par les arts plastiques.

De profundis clamavit!...

Seulement par les arts plastiques ? Non. Aussi par la déconsidération qui s'attache aux écrivains depuis qu'ils se sont faits marchands de chapitres, et ont méprisé le soulier troué de Corneille ou l'habit rapé de Jean-Jacques.

Ils vous diront qu'en ce siècle monayé, le billet de banque donne accès seul dans les bassesses dorées des hautes régions, et que plusieurs ainsi se sont honorés d'un servage particulier chez tel ou tel banquier ignare.

Ils mentent. Car au siècle de l'étiquette et du sang bleu, Molière — cabotin pour vivoter — déjeunait avec Louis XIV.

Les hommes sont, à notre endroit, ce que nous les faisons. N'ayant plus les fiertés légitimes de votre pensée et de votre indépendance, voudriez-vous qu'on eût des égards pour l'une et pour l'autre ?

C'est là un reproche dont est indemme Paul Verlaine, mort à l'hôpital pour avoir préféré le culte de l'Idée au culte du veau d'or.

*
* *

Et des profondeurs de l'abîme j'ai crié maintenant, comme un autre, ma note aigre dans la cacophonie du concert humain !..

J'ai dit !...

Allez en paix sur le chemin du Beau qui a tant de sentiers parallèles mais qui ne sont que sentiers, allez ! amis, ennemis, et vous lectrices qui n'êtes ni des uns ni des autres, vos nerfs vous rendant incapables d'une opinion constante !...

Et laissez couler dans vos manches l'eau des bonnes fontaines ! ...

2 heures, matin.

NOTES DU LECTEUR

Achevé d'imprimer le 1ᵉʳ mars 1889
PAR ÉMILE FOA, IMPRIMEUR, RUE NEUVE, 7 ET 9
TOULON.

www.ingramcontent.com/pod-product-compliance
Lightning Source LLC
LaVergne TN
LVHW050635090426
835512LV00007B/866